Canción

Celebrando su bautismo

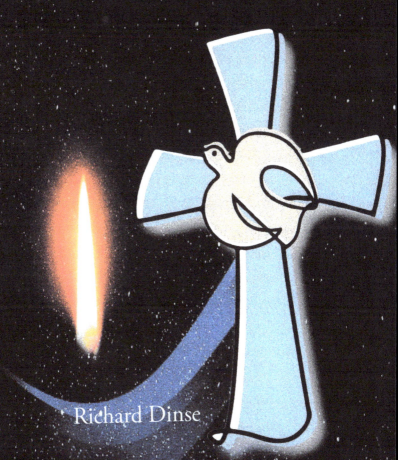

Richard Dinse

ISBN 979-8-89043-874-4 (tapa blanda)
ISBN 979-8-89043-875-1 (digital)

Christian Faith Publishing
832 Park Avenue
Meadville, PA 16335
www.christianfaithpublishing.com

Impreso en los Estados Unidos

Mi Acta de Nacimiento

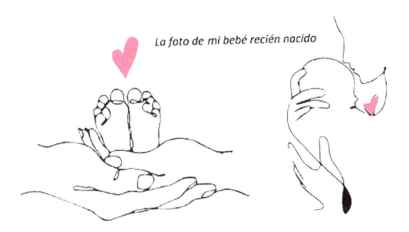

La foto de mi bebé recién nacido

Adelante

Nuestro Señor ordenó el Bautismo, diciendo en el último capítulo de Mateo (28:19–20): "Por tanto, id y haced discípulos a todas las naciones, bautizándolos en el nombre del Padre, y del Hijo y del Espíritu Santo, y enseñándoles a obedecer todo lo que os he mandado".

Sara fue la esposa de Abraham. Aunque no hay ningún libro de Sara en la Biblia, se puede encontrar un relato de su vida en Génesis 11:27–32; 16; 18:1–15; 23:1–20 y Hebreos II.

En la Biblia, Sara era una mujer con defectos, pero bendecida. Sus debilidades se debían a su naturaleza humana de estar al mando, de ser su propio dios. Su bendición llegó cuando Dios intervino y cumplió su promesa a través de ella, convirtiéndola en "madre de muchas naciones". Su fe en esta promesa es lo que la salvó para la eternidad.

Como Sara, nosotros también somos frágiles y defectuosos espiritualmente. Deseamos gobernar nuestras propias vidas y tomar nuestras propias decisiones. Pero cuando llegamos al bautismo, somos como Sara, necesitados de perdón, gracia y misericordia. A través del agua y la Palabra, nuestra quebrantada naturaleza humana es santificada por obra del Señor Dios Todopoderoso y su Espíritu Santo. Esto solo es posible gracias a su Hijo, nuestro Señor Jesús. Solo a través de su sacrificio en nuestro lugar podemos reclamar ser sus hijos e hijas. Este don gratuito de Dios es un tesoro y el comienzo de una vida dedicada a Él. La señal de la cruz nos recuerda que hemos sido redimidos para toda la eternidad. Su nombre está escrito en nuestro corazón. Y ahora nuestro nombre está escrito en Su Libro de la Vida.

Christine Vogelsang, MA
Escritora y oradora motivacional
cmvogelsang@gmail.com
www.restoringthejoy.net
"Un lugar para liberarse de la culpa y renovar el espíritu"

Recibe el sagrado sacramento del bautismo:

_____

Quien fue bautizado el: _____
Este sacramento del bautismo fue impartido por:

_____

y el lugar donde se impartió este bautismo fue:

_____

++++++++++++++++++++++

Este(a) niño(a) fue presentado(a) para el bautismo por (padres/tutores):

_____

_____

Testigos del bautismo (padrinos/familiares/amigos):

_____

_____

_____

_____

_____

Fotografía de mi bautizo

Canción de Sarah
(Celebrando Bautismo)

El nacimiento de cada niño es un milagro
un milagro que todos podemos ver,
así que, levanten las manos y alcen las voces en
        alabanza a
nuestro Rey,
¡pues un milagro son estos!

Sus piecitos y sus manitas,
pero con un alma que ha sido liberada,
porque el Señor nuestro Dios, envió su *Hijo* de lo alto
a pagar el precio por ti y por mí,
Él dio su vida en el árbol del Calvario
para liberarnos a nosotros.

¡El agua que recibirán lavará sus pecados,
una vida nueva recibirán!
¡Y sus nombres serán escritos en el Libro de la Vida
        de Dios,
y vivirán eternamente!
Porque el Señor nuestro Dios
envió a su *Hijo* de lo alto

a pagar el precio por ti y por mí,
Él dio su vida en el árbol del Calvario
para liberarnos a nosotros.

El poder de la cruz recibirán hoy,
¡Cristianos ellos serán!
Con la fuerza de su fe
y los ángeles de Dios a su lado,
vivirán triunfalmente,
porque el Señor nuestro Dios
Envió a su *Hijo* de lo alto,
oró a su Padre en Getsemaní
para ganar la Salvación por ti y por mí

¡Dios nos liberó!

Canción de Sarah
Celebrando su bautismo

https://youtu.be/sfPk-axYTNk

Medios digitales

https://youtu.be/jjhgy-2gv0c

Canción de Sarah

2

name will be writ-ten in God's Book of Life And they'll live e - ter - nal - ly! Be-cause the

Lord our God sent His SON down from a-bove_ To pay the price for you and me He gave His

life on Cal-v'ry's tree To set us free. The pow-er of the cross they will re-ceive_ to-day A

Chris - tian they will be! With the strength of their faith And God's an-gels by their side They will

live tri-umph - ant - ly! Be-cause the Lord our God sent His SON down from a - bove Prayed to His

13

El bautismo significa
volverse miembro de la familia de Dios, la Iglesia

Mucho se ha escrito del simbolismo, las tradiciones y los rituales alrededor de la ceremonia cristiana del bautismo para las religiones que lo practican en niños y adultos. Considerado como uno de los Sacramentos de la Iglesia en distintas denominaciones cristianas, la práctica del bautismo es bastante antigua, precediendo incluso al propio cristianismo. El bautismo es el primer paso en el largo viaje de la vida de una persona como hijo o hija de Dios. El bautizado ha recibido la salvación por el poder del Espíritu Santo y la redención por Cristo Crucificado.

Los siguientes símbolos están
asociados con el bautismo
Representan principios y
valores de la fe cristiana

Agua: un símbolo de divinidad y pureza. Es la forma virtual de lavarnos de nuestros pecados.

Crisma: un símbolo para ungir la cabeza de la persona que está siendo bautizada. Es la unión del Espíritu Santo (el poder de Dios) con el individuo.

La Cruz: un símbolo del cristianismo y la crucifixión y muerte de Jesús. Simboliza su sacrificio para limpiar los pecados pasados, presentes y futuros de la humanidad.

Cirio Bautismal: simboliza a Cristo, la luz del mundo y su victoria sobre la muerte. Representa la perseverancia de la fe cristiana. Cuando el cirio está prendido, la fe religiosa está presente. El cirio refleja un cambio en Cristo de su muerte a su resurrección.

Vestimenta blanca: un símbolo de una nueva vida. Un signo visible de la luz de Jesús, estar vestido con Cristo. Expresa la pureza del alma.

Fuente bautismal: esta estructura contiene el agua que se utiliza para los bautismos. Las fuentes pueden ser una pileta que permite que la persona se pueda sumergir parcial o completamente en el agua bautismal. También puede ser una pileta pequeña que permite la aspersión (rociar el agua en la cabeza de la persona) o afusión (verter agua sobre la cabeza de la persona).

Concha: las conchas han sido un símbolo del bautismo cristiano desde la época de las Apóstoles y los discípulos. Las tres gotas de agua en el fondo de la concha simbolizan la Sagrada Trinidad: en nombre del Padre, del Hijo y del Espíritu Santo.

Lectura de las Escrituras: estos son versos tomados del Nuevo y Antiguo Testamento de la Biblia para celebrar la palabra de Dios y recordar el bautismo de Jesús.

Oraciones: estas son peticiones para la seguridad, bendiciones, gracia y misericordia para el bautizado, sus padres, padrinos, patrocinadores, parientes y la congregación.

Paloma: un símbolo del Espíritu Santo. Todos los que son bautizados reciben al Espíritu Santo a través del bautismo. La paloma simboliza la armonía entre los seres humanos y el paraíso.

La Bendición: una bendición al final de la ceremonia para la persona bautizada en la que se celebran los regalos recibidos de Dios Padre, Dios Hijo y Dios Espíritu Santo.

El Padre Nuestro

Padre nuestro que estás en el cielo
santificado sea tu nombre;
venga a nosotros tu Reino;
hágase tu voluntad
en la tierra como en el cielo.
Danos hoy nuestro pan de cada día;
perdona nuestras ofensas
así como nosotros perdonamos
a los que nos ofenden,
no nos dejes caer en la tentación
y líbranos del mal.
Pues tuyo es el reino,
y el poder, y la gloria,
por los siglos de los siglos.

Amén.

<<Image here>>

BAUTISMO

DIOS NOS HACE LIBRES

SALVA UNA VIDA - CAMBIA UNA VIDA

LA BENDICIÓN

Que Dios Padre, Dios Hijo + y Dios Espíritu Santo, que te han dado el nuevo nacimiento del agua y del Espíritu y te han perdonado todos tus pecados, estén y permanezcan contigo ahora y para siempre hasta la vida eterna.

En el nombre del Padre y del Hijo + y del Espíritu Santo.

Amén.

Sobre el Autor

Richard Dinse

Compositor, autor y videógrafo

El señor Dinse es un sargento mayor de la Marina retirado. Es un veterano de Vietnam que también sirvió como guardia de seguridad de la Marina en la Embajada Americana en Reikiavik, Islandia y Lisboa,

Portugal; y también como instructor de Ejercicios en Parris Island, SC.

Tiene una amplia trayectoria en el ámbito de la aplicación de la ley habiendo servido durante cuatro años en la Oficina del Fiscal General de Ohio como director ejecutivo adjunto del Consejo de Formación de Oficiales de Paz de Ohio. Es autor de varios artículos sobre la aplicación de la ley; coautor de un capítulo en un texto de nivel universitario sobre personal policial; escribió el argumento y la producción técnica de un video de capacitación sobre la utilización segura del cinturón de seguridad y estableció un programa anual de premios para la aplicación de la ley en todo el estado de Ohio.

Recibió su licencia para servir como diácono en el Distrito del Pacífico Suroeste de la Iglesia Lutheran Missouri Synod en agosto de 2010 y actualmente sirve con el equipo del ministerio en la Iglesia Faith Lutheran en Vista, CA.

Printed in the USA
CPSIA information can be obtained
at www.ICGtesting.com
CBHW041626131124
17313CB00044B/877